Petrus Ceelen

Denk Zettel

Petrus Ceelen

Denk Zettel

Aus meiner bunten Lebensbibel

Dignity Press
World Dignity University Press

Copyright © 2021 Petrus Ceelen (Text),
Karl Bechloch (Bilder)

Veröffentlicht durch:
Dignity Press
16 Northview Court
Lake Oswego, OR 97035, USA

ISBN 978-1-937570-13-2

Mehr zum Buch: www.dignitypress.org/denkzettel

Die Abbildungen auf S. 16, 33, 47, 55, 95, 107, 119 sind mit
freundlicher Genehmigung des Verlags Katholisches Bibelwerk
entnommen aus dem Buch: Eleonore Beck (Hrsg.), Unter dem
Apfelbaum habe ich dich geweckt - Das Hohelied Salomos.
Stuttgart 1988, ISBN 3-460-32751-0.

Gedruckt auf Papier aus nachhaltiger Forstwirtschaft, siehe
www.ingramcontent.com/publishers/resources/environmental-
responsibility

Dankbar denk ich an dich

Achmed, Adelheid, Adeline, Adolf, Adriano, Ägidius, Agnes, Alberik, Albert, Alex, Alexander, Alfons, Alfred, Ali, Alice, Almuth, Alois, Amanda, Andi, André, Andrea, Andreas, Angela, Angèle, Angelika, Angelo, Anita, Anke, Anna, Anne, Annemarie, Annemie, Annerose, Annette, Annie, Anton, Antonia, Ari, Ariam, Armin, Arno, Astrid, August, Aquilla, Axel, Ayten

Babs, Bärbel, Barbara, Bart, Beate, Beate-Maria, Bella, Benjamin, Benni, Bettina, Bernard, Bernd, Bernhard, Bert, Bianca, Biggi, Birgit, Birgitta, Björn, Blacky, Bodo, Bojenna, Bonifacio, Bonifatia, Boris, Brigitte, Britta, Brix, Bruno, Bubi

Carlo, Carmen, Carola, Chantal, Charli, Charlotte, Chiara, Chloe, Choupette, Chris, Christa, Christel, Christian, Christiane, Christine, Christoph, Christopher, Cilie, Cindy, Clara, Claire, Claudia, Claus, Clemens, Conny, Cordula, Corinna, Cornelia, Cosima

Dagmar, Damiano, Daniela, Danja, David, Dennis, Desirée, Detlev, Diana, Diego, Dieter, Dietmar, Dirk, Dominik, Dorchen, Doris, Dorle, Dorothea, Dorothee

Eberhard, Eckhart, Edda, Eddi, Edeltraud, Edith, Egon, Elfie, Elfriede, Elisabeth, Elke, Elmar, Emil, Emma, Emmy, Enzo, Erhard, Erich, Erika, Erna, Ernst, Erwin, Esra, Esther, Eva, Evelin, Evi

Fabian, Felicitas, Felix, Ferhat, Filip, Finn, Florence, Fons, Franco, Francoise, Frank, Franz, Franziska, Franz-Josef, Freddy, Friederike, Friedrich, Fritz, Fritzi, Fronie

Gabi, Gabriela, Gabriele, Gaby, Georg, Gerda, Gerhard, Gerlinde, Gert, Gerrit, Gertrud, Gigi, Gina, Gino, Gisela, Gisèle, Gregor, Gudrun, Günter, Günther, Gunnar, Gunther, Guido, Gustav, Guy

Hannelore, Hannes, Hans, Hans-Dieter, Hansi, Hans-Jürgen, Hans-Peter, Hans-Rüdiger, Hans-Wilhelm, Harald, Harrie, Hartmut, Hedwig, Heide, Heidi, Heike, Heiko, Heiner, Heinrich, Heinz, Helene, Helga, Hellen, Helmut, Hendrik, Herbert, Herma, Hermann, Hilda, Hilde, Hildegard, Horst, Hubertus

Illia, Ilona, Imogen, Ines, Inge, Ingo, Ingomar, Ingrid, Isabell, Ilse, Irene, Irina, Iris, Irmtraut, Isolde

Jaak, Jackie, Jacob, Jacques, Jan, Jan-Philipp, Jantje, Jean, Jeanne, Jean Paul, Jef, Jenny, Jens, Jens-Uwe, Jet, Jimmy, Jo, Joachim, Jochen, Jörg, Jogi, Johan, Johanna, Johannes, Jomi, Jonas, Jos, Josef, Josefine, Judith, Jürgen, Jule, Julia, Julie, Jupp, Justus, Jutta

Kai, Kajo, Karl, Karl-Heinz, Karin, Karsten, Kathrin, Katrin, Kelly, Kerstin, Kid, Klaus, Kobi, Konrad, Krimhild, Kurt

Laura, Lella, Lena, Lenn, Leo, Liesbeth, Lilly, Lina, Linda, Lisa, Lisette, Liske, Liss, Lissy, Lore, Lorenz, Lothar, Lotte, Lowie, Lucia, Ludwig, Luise, Lups, Lutgart, Lydia

Magda, Mai, Maja, Manfred, Mannix, Manuela, Marc, Marcel, Maren, Margarete, Margit, Margot, Margret, Maria, Marianne, Marina, Marion, Marita, Markus, Marlene, Marliese, Marlis, Martha, Martien, Martin, Martina, Mathieu, Mathilde, Matthias, Maurice, Mausi, Max, Mechthild, Mehmet, meine Mutter, mein Vater, Melanie, Mercedes, Mia, Michael,

Michaela, Michaelo, Michelle, Micky, Mikel, Miri, Mirjam, Mirjana, Monika

Nadine, Nadja, Nanda, Nathalie, Natia, Nele, Nelly, Nia, Nicolas, Nicole, Nils, Noah, Noemi, Norbert, Norberta

Olaf, Olga, Oliver, Oskar, Otmar, Ottel, Otto, Oxana

Pamela, Patric, Patricia, Paul, Peet, Pepe, Peter, Petra, Petronella, Philipp, Piet, Pieter, Pieto, Pino, Pirmin

Rainer, Ralf, Regina, Reiner, Reinhold, Reini, Renate, René, Resi, Ria, Richard, Richy, Rik, Rina, Rita, Robert, Roger, Rolf, Ronja, Ronnin, Rosa, Rosalie, Rosemarie, Rose, Rosl, Roswitha, Rudi, Rüdiger, Rudolph, Ruth

Sabine, Sahne, Samuel, Samy, Sandra, Sanne, Sarah, Sarah Lee, Sareb, Sascha, Senf, Sepp, Sibylle, Sigi, Sigmund, Siegfried, Sigrid, Silke, Silvia, Simon, Simone, Sina, Solana, Sonja, Staf, Stefanie, Steff, Steffie, Stephan, Stéphane, Stephanus, Sus, Susanne, Suse, Suzy, Sven, Swanhild, Sylvain, Sylvia

Tamara, Tanja, Theo, Theresia, Thile, Tilman, Tim, Tina, Thomas, Tobias, Tom, Toni, Traude, Traudel, Traugott

Yves, Yvo, Yvonne

Udo, Uli, Ulla, Ulli, Ulrich, Ulrike, Ursel, Ursula, Urth, Uschi, Ute, Uwe

Valentina, Vera, Veronika, Veronique, Vinzenz, Volker

Walburga, Walter, Waltraud, Werner, Wilfriede, Willi, Wim, Winfried, Wolfgang, Wolfram, Wolle

Von Petrus zu Petrus

„Du wolltest doch nichts mehr schreiben. Wie oft hast du nicht schon gesagt: ‚Dies ist mein letztes Buch.'" Ja, und jedes Mal habe ich es auch ernst gemeint. Doch dann bin ich ungewollt wieder schwanger geworden. „So ebbes ist schnell passiert", sagen die Schwaben. Jedes neue Buch ist auch ein Ausdruck von meinem inneren Druck, schreiben zu müssen. Vieles möchte aus mir ausbrechen. Ich kann es nicht für mich behalten, es muss heraus. Ich schreibe mir von der Seele, was mich beschäftigt, belastet, bedrängt, berührt, bewegt. Schreibend komme ich mir selbst auf die Spur, spüre dem Weg nach, den ich gegangen bin.

Als ich zur Welt kam, wollte meine Mutter, dass ich Paul heiße. So machte sich mein Vater mit dem Fahrrad auf den Weg zum Rathaus, um meine Geburt eintragen zu lassen. Zuvor ging er aber mit unserem Nachbarn Jan noch ein Pintje Bier auf seinen Sohnemann trinken. In unserer Straße, der Lepelstraat, gab es nicht weniger als 18 Wirtschaften. Nach seiner Kneipentour muss er dann auf dem Rathaus wohl die Apostel Petrus und Paulus verwechselt haben, denn er gab an, sein Sohn soll Petrus heißen. „Ein schöner Name", sagte der Standesbeamte und auch Jan war voll dafür.

Bei seiner Heimkehr behielt mein Vater alles, was da geschehen war, in seinem Herzen. So hatte meine Mutter keine Ahnung, wie ihr Paulchen wirklich hieß. Erst ein Jahr später entdeckte sie im Familienstammbuch meinen wahren Namen. Da las sie meinem Vater die Leviten, doch betont nüchtern sagte dieser zu allem Ja und Amen. Meine Mutter war ratlos und begab sich auf das Rathaus. Dort flehte sie den Standesbeamten an, aus dem Petrus einen Paul zu machen. Doch eher wird aus einem Saulus ein Paulus. Es blieb also weiterhin bei Petrus, aber meine Familie nannte mich weiterhin Paul. Bis zum heutigen Tag.

Als Gefangenenseelsorger auf dem Hohenasperg habe ich beim Aufschließen der Zellentüren oft an den Heiligen mit den Schlüsseln gedacht. Ja, ich bin der Petrus. Und ich bin meinem Vater heute noch dankbar für seine krumme Tour durch die Lepelstraat.

Aufgewachsen bin ich in Lommel, nicht Lümmel. In Lommel-Zentrum bist du, Petrus, auch zuhause, in der „Sint Pieterskerk". Dort war ich viele Jahre lang Ministrant. Unter deinen Augen habe ich das Weihrauchfass geschwungen, einmal so schwungvoll, dass die glühende Kohle herausflog und ein Loch in den goldenen Brokatmantel des Pfarrers brannte.

Petrus, du warst auch schnell Feuer und Flamme. Doch als es dann heiß wurde, hattest du Angst, dir den Mund zu verbrennen. Dreimal hast du geschworen, dass du Jesus überhaupt nicht kennst. Immer eine große Klappe, aber im entscheidenden Moment klitzeklein. Ein übermütiger Angsthase. Und trotzdem hat Jesus dir die Schlüssel des Himmelreiches anvertraut und gewusst, dass sie bei dir in guten Händen sind.

Petrus, es ist nicht leicht, den Namen des höchsten Heiligen zu tragen. Mein Name löst oft nur Kopfschütteln aus. Und wenn ich am Telefon sage: „Hier ist der Petrus", kann es sein, dass am anderen Ende jemand verärgert den Hörer aufknallt. „Ich lasse mich doch nicht ver…". Als ich nach Deutschland kam und sagte, dass ich der Petrus bin, sagte man mir: „Petrus, so heißt doch kein Mensch."

Wie oft wurde ich schon gefragt: „Heißen Sie wirklich Petrus?! Ja, ich heiße nicht nur so, ich bin Petrus. Ein gläubiger Zweifler. Ein Fels, der immer wieder ins Wanken gerät. Wegen deines breiten Schädels hat Jesus dir den Beinamen Kephas, Fels, gegeben. Wie ein Steinfels soll dein Dickschädel geglänzt haben.

Auch ich kann stur sein. Als ich im Gefängniskrankenhaus auf dem Hohenasperg sah, wie groß die körperlichen und seelischen Leiden der Aidskranken und HIV-Infizierten waren, wollte ich mich draußen der „Aussätzigen" annehmen. Doch von einer eigenen Stelle für einen Aidsseelsorger wollte die Kirchenleitung in Rottenburg nichts wissen. Dadurch würde man die Krankheit nur aufwerten. Im Übrigen hätte auch die Evangelische Kirche keinen eigenen Aidsseelsorger. Wozu Ökumene doch gut sein kann. Doch ich ließ nicht locker, bis der damalige Bischof Kasper mich Anfang 1992 zum ersten Aidsseelsorger einer deutschen Diözese ernannte. Für die Medien war ich der Stuttgarter Aidspfarrer. Hinter meinem Rücken wurde gemunkelt: „Der hat wohl selber Aids." Manchen war es schon verdächtig genug, dass da einer freiwillig in den Knast geht. Und jetzt geht er noch zu Solchen. Ja, ich bin immer meinen Weg gegangen und darüber bin ich froh. Denn nichts ist schlimmer als sterben zu müssen, ohne sein Leben gelebt zu haben. I did it my way.

Petrus, du bist damals nach Rom gegangen und dort sollst du mit dem Kopf nach unten gekreuzigt worden sein. Nachfolge beginnt mit den Füßen und endet mit den Haxen im Himmel. Von dort oben hast du wohl auch mitbekommen, was aus der „Sache Jesu" geworden ist, eine Kirche, die er so sicher nicht gewollt hat. Eine gutbürgerliche, geschlossene Gesellschaft, die viele Menschen ausschließt, ausgrenzt. Dabei wollte er doch gerade die Ausgesonderten, Ausgestoßenen in die Glaubensgemeinschaft eingliedern.

Im Gefängnis, bei den Ausgeschlossenen, bin ich Jesus nähergekommen als durch mein Theologiestudium. Im Bunker, in der Isolierzelle habe ich ihn sagen hören: „Ich war gefangen und du bist zu mir gekommen." Und sonntags beim Knastgottesdienst ließ er durch mich vor der Kommunion sagen: „Kommet zu mir, alle die ihr mühselig und beladen seid. Ich stoße keinen zurück!"

11

Und so legte ich den Leib Christi in *die* Hand, die siebzehnmal zugestochen hat. Ich gab das Brot des Lebens in *die* Hand, die einen Menschen erwürgt, erdrosselt, erstochen, erschossen hatte. Auch der Kindesmörder ist ein Kind Gottes. Wie provokativ, ja skandalös die Botschaft Jesu ist, habe ich erst im Knast so richtig verstanden.

Petrus, Jesus hat dich direkt zur Nachfolge gerufen. Ich war angeblich auch berufen und wollte Priester werden. Aber nach fünf Jahren im kleinen Priesterseminar wurde ich rausgeworfen, weil ich „einen verderblichen Einfluss" auf die anderen hatte. Und als ich es mit 21 noch einmal im Seminar versuchte, wurde ich schon nach einigen Monaten vor die Tür gesetzt. „Zu rebellisch." Später war ich in Mainz und Speyer auch mehrere Jahre im Priesterseminar, aber der Speyrer Regens machte mir unmissverständlich klar: „Herr Ceelen, ich kenne in ganz Deutschland keinen Bischof, der Sie weihen würde."

Allerdings war mir inzwischen selbst klar geworden, dass ich zum Zölibat sicher nicht geschaffen bin und ohne Frau nicht leben kann.

Ohne meine Frau hätte ich meinen Weg nicht gehen können, sie stand mir stets zur Seite und ist mit zu den Aidskranken gegangen. Fast 52 Jahre lang sind wir miteinander durch Höhen und Tiefen gegangen. Wir haben uns beide immer gegenseitig Choupette genannt und nun haben wir auch den gleichen Lungenkrebs. So geht nun unser gemeinsamer Weg in absehbarer Zeit zu Ende. Im Moment wissen wir nicht, wer von uns beiden als erster zu Petrus geht.

„Das habt ihr nicht verdient!", hören wir von vielen Seiten. Ja, wer hat Krebs schon verdient!? Und es war auch nicht unser Verdienst, dass wir insgesamt viele gute Zeiten und schöne Jahre hatten. Dafür können wir nur dankbar sein. Und unsere Anne und Katrin sind wahrlich ein Geschenk des Himmels. Auch unsere Enkel Simon, Julia und Clemens tun uns so gut. Und beim

Kartenspielen können wir immer noch viel lachen. Ohne unsere Kinder und Enkelkinder wäre alles sehr viel schwerer.

Dankbar sind wir für die vielen Menschen, die jeden Tag an uns denken, mit uns fühlen, für uns beten, eine Kerze für uns anzünden, in einer Kirche oder Kapelle oder daheim. Einige stellen abends ein Licht für uns ins Fenster. Wie viele Frauen und Männer sind in unserer Lage, an die niemand denkt, um die sich niemand

kümmert! Nicht wenige sind schon tot, lange bevor sie sterben. Wie viele Drogenabhängige, Gefangene, Aidskranke, Obdachlose habe ich beerdigt, die kein Leben vor dem Tod hatten. Manche haben sich in ihrer Verzweiflung selbst erlöst. Bei so mancher Trauerfeier war ich am Limit, meine Stimme brach ein, meine Tränen rannen nach innen. Doch gerade dort, wo ich auch an die Grenze meines Glaubens stoße, begegne ich mir selbst und bin echt. Echt wahr, wahrhaftig. Und dann tue ich, was anderen gut tut: Die Verzweiflung in Worte fassen, aussprechen, was sprachlos macht. Sagen, was not tut.

Wie oft stand ich schon am Grab eines Menschen, der nicht einmal halb so alt war, wie ich es heute bin. Wie viele Männer und Frauen habe ich auf ihrem letzten Weg begleitet, die jünger waren als ich? Und wenn ich an meine guten Freunde Jupp und Martin denke, die auf der letzten Strecke ihres Weges dement waren, hilft mir das, meinen Krebs mit seinen Metastasen anzunehmen. Auch wenn mir das zuweilen unsagbar schwerfällt. Denn wie gerne, lieber Petrus, hätte ich weiterhin in Belgien mein dunkles Petrus-Bier getrunken, in Eichenfässern gereift. Himmlisch. Nun werde ich mit Choupette auch keine Muscheln mehr am Strand sammeln können. Wie gut tat es uns, an der Nordsee jeden Tag neu das Kommen und Gehen des Meeres mitzuerleben, die Möwen, die Wellen, die Weite zu betrachten und die frische Meeresluft zu atmen. Musste ich denn so alt und krank werden, um zu begreifen, dass Ein- und Ausatmen das A und O ist?!

Petrus, ich hatte ein erfülltes Leben. Was war da nicht alles drin! Und nichts Menschliches war mir fremd. Wie du habe auch ich in die Abgründe des eigenen Herzens geschaut. Ich bin ein wahrer Wassermann, mit allen Wassern gewaschen, aber immer noch nicht ganz sauber. Das haben die anderen Apostel wohl auch von dir gedacht, als du auf dem Wasser laufen wolltest.

Petrus, ich frage mich manchmal auch, ob es im Himmel

überhaupt so schön sein kann wie hier auf Erden. Wie wunderbar ist es doch, auf der Welt zu sein!

Ohne Zettel am Zeh ist jeder Tag ein guter Tag! DENK ZETTEL. Immer wieder gibt uns das Leben einen Denkzettel: Eine Diagnose, ein Unfall, ein merkwürdiger Zufall, ein Schicksalsschlag, der Verlust eines geliebten Menschen. Der Tod ist ja der große Denkzettel des Daseins. Bedenke Mensch, dass du sterben musst. Dein Leben hat ein Ende. Endlich leben, ja, das ist die Kunst. Erst recht, wenn du weißt, dass deine Tage gezählt sind.

Immer wieder denke ich an die aidskranke Chris, 43, nur noch Haut und Knochen. Sie fing jeden Tag mit einem Dankgebet an: „Herr, ich danke dir, dass ich heute noch leben darf." Vergessen habe ich auch Evi nicht. Sie bat jeden Abend: "Lieber Gott, bitte, bitte, schenk mir noch ein Jährchen, nur ein Jährchen noch. Lass mich bitte noch einmal den Frühling erleben. Ein einziges Mal noch möchte ich die Knospen aufblühen sehen, die Vögel zwitschern hören. „Ja, Evi, jetzt ist Frühling …". Jetzt erst nehme ich richtig wahr, wie unsere Sternmagnolie im Garten ihre Blüten öffnet. Jetzt gerade in dieser Karwoche. Nach Karfreitag kommt Ostern … Im Tod blüht uns das Leben. Geheimnis des Glaubens.

Mir wird es nicht vergönnt sein, so wie meine Mutter von dieser Welt zu gehen. Ihr Abgang war ein starkes Stück. Nach dem Abendbrot sagte sie: "Das war das letzte Mal. Ich werde niemals mehr essen." Zwei Stunden später war sie tot. Ja, so würde ich den Löffel auch gerne abgeben – und das kurz vor dem Hundertsten. Ich denke oft auch an Sahne, Peter, Gerhard, Jens, Jörg, Uta, Wolfgang und die vielen anderen, die plötzlich und unerwartet aus dem Leben gerissen wurden. Was ist ihnen alles erspart geblieben! Aber dieser „schöne Tod" war schrecklich für ihre Lieben. Sie konnten vorher nicht Abschied nehmen. Ich möchte diese intensive Zeit nicht missen, mag sie manchmal noch so schwer sein.

Auch wenn ich noch mehr als zwanzig Jahre jünger bin als meine Mutter bei ihrem Tod, lebe ich doch auch schon ganz schön lange - bereits acht Jahre länger als mein Vater. Und schon so viele Jahrzehnte länger als mein Bruder Jan, der mit 23 als Pilot mit dem Flugzeug abstürzte. Seine schwangere Frau gebar einige Monate später ihren Sohn Johan. Nicht gekannt habe ich meinen ältesten Bruder. Er starb 1938 schon mit 8 Monaten. Selber wäre ich als Kleinkind fast einer schweren Lungenentzündung erlegen. Ich lag schon im Sterben, Papa musste von der Arbeit kommen.

Mein Vater hatte einen biblischen Beruf. Er war Zöllner an der belgisch-holländischen Grenze. Und jedes Mal, wenn meine Mutter wieder einmal Butter in Holland gekauft und sie unter ihrem Rock auf dem Fahrrad über die Grenze geschmuggelt hatte, gab es daheim einen Riesenkrach. Nein, wir waren keine heilige Familie. Aber ich habe viel Nestwärme bekommen. Und die hat so vielen Frauen, Männern und Kindern gefehlt, denen ich auf meinem Lebensweg begegnet bin. Ein Gefangener hat mir einmal gesagt: „Ich weiß zwar, wie Liebe geschrieben wird, aber ich habe nie welche erfahren." Es gibt so vieles, für das ich nur dankbar sein kann, auch dass ich schreiben kann.

Petrus, das Schreiben lenkt mich ab von meinem Schmerz. Mir gefällt es, Denkzettel aus meiner Lebensbibel zu einem bunten Heft zusammenzuheften. Dabei geht es mir nicht um Bibelauslegung, vielmehr darum, was mir bei einer bestimmten Bibelstelle in den Sinn kommt.

Sicher schreibe ich dieses Abschiedsbuch auch, damit von mir nicht nur meine schöne Leiche übrigbleibt. Vielleicht ist auch mein Bedürfnis, Bücher zu schreiben, im Grunde nichts anderes als der eitle Versuch, mich selbst zu überleben. Auf jeden Fall ist dies mein letztes Buch. Schluss. Aus. Amen. Ende. Endgültig. Diesmal gilt´s.

Sterben, wie geht das? Da gibt es keinen Spickzettel. Jeder Mensch stirbt seinen eigenen Tod. Und wie viele haben schon gesagt: „Ich hätte nie gedacht, dass es so schwer ist." Und trotzdem haben es bisher alle geschafft. Das macht mir Mut. Und bis heute ist noch keiner zurückgekommen. Wenn das nicht zu denken gibt.

So bin auch ich, Petrus, am Ende meines Lebens guter Hoffnung, wie es meine Mutter damals schon vor meiner Geburt war. Sie hat mich im Krieg zur Welt gebracht und musste bei Bombenalarm nachts öfters mit mir im Arm und mit Liesbeth und Jan an der

Hand die Treppen hinunter in den Luftschutzkeller. Meine Mutter hieß Wille-kens, sie hatte einen eisernen Willen und war eine starke Frau, äußerst eigenwillig, eigensinnig. Das Eigene ist doch das Eigentliche, nicht wahr Mutter? Wenn ich mich im Spiegel anschaue, blicke ich in dein Gesicht. Werden wir uns noch von Angesicht zu Angesicht sehen? Mutter, wenn ich wüsste, dass ich dich im Himmel wieder sehe, könnte ich mein Leben leichter loslassen und hinübergehen. Ja, wenn ich das nur wüsste …

Du weißt, Petrus, so einfach ist das nicht mit dem Glauben … Dennoch möchte ich mich getrost darauf verlassen, dass unser Leben im Tod vollendet wird. Dann wird mir vollends klar werden, wozu ich auf der Welt war. Dann wird ans Licht kommen, was ich bisher nur erahnen kann. Und dann Petrus, reden wir beide noch einmal miteinander, auf Augenhöhe, von Mensch zu Mensch. Ohne deinen heiligen Schein.

⌒

Nun bin ich am 1. Mai 2021
von daheim nach Hause gegangen,
meinem Petrus zum Petrus vorausgegangen.

Christiane

18

Windhauch

Es ist etwas unterwegs, hieß es,
als wir noch im Schoß unserer Mutter waren.
Und als wir dann durch den Geburtskanal zur Welt kamen,
hatten wir schon einen langen Weg hinter uns.

Ungefragt wurden wir in die Welt gesetzt.
Ungefragt müssen wir auch wieder gehen.
Unbeantwortet bleibt die Frage:
Wozu sind wir unterwegs?

Wir denken, überdenken, fragen, hinterfragen:
Was ist der Sinn?
Wir sinnen nach, spinnen Hirngespinste.
Alles nur gesponnen.

Doch dann dachte ich nach über alle meine Taten, die meine
Hände vollbracht hatten, und über den Besitz, für den ich mich
bei diesem Tun angestrengt hatte. Das Ergebnis: Das ist alles
Windhauch und Luftgespinst.

Prediger/Kohelet 2,11

Homo sapiens

Milliarden Milchstraßen
im unendlichen Universum.
Irgendwo am Rande
ein winziges Pünktchen.

Milliarden Menschen
auf der Mutter Erde
und in der Mitte einer,
um den sich alles dreht.

Der alleinige Mittelpunkt
von allem im All
der Klammeraffe,
der sich homo sapiens nennt.

Der Weise weiß:
homo kommt von humus –
von der Erde genommen,
kehrt zur Erde wieder.

Warum überhebt sich der Mensch aus Staub und Asche,
dessen Leib schon zu Lebzeiten verwest?

Jesus Sirach 10,9

Angenommen

Kinder kriegen,
ein Kind bekommen.
Mann und Frau können
ein Kind nicht machen.

Jedes Menschenkind,
auch das mit Down-Syndrom
und das Retortenbaby sind
ein Geschenk des Himmels.

Nicht jedes Neugeborene
kann ein Wunschkind sein,
auch das ungewollte Kind
will angenommen sein.

Angenommen:
Es gäbe auf der Welt
nur geliebte Kinder.
Ein Paradies.

Kinder sind eine Gabe des Herrn,
die Frucht des Leibes ist sein Geschenk.

Psalm 127,3

Alles zu seiner Zeit

Meine Tochter wurde mit fast 35
von der Ärztin darauf hingewiesen,
dass es in dem Alter ein Risiko sei,
noch ein Kind zu bekommen.

Meine Mutter war erst vierzig,
als sie mich gebar.
Vier Jahre später brachte sie
meinen Bruder Rik zur Welt.

Zu jener Zeit waren
die Frauen wohl noch jünger.

Der Storch unter dem Himmel weiß seine Zeit.

Jeremia 8,7

Man nehme

Man nehme
ein befruchtetes Ei,
dazu einen gemieteten Bauch
gegen eine Menge Geld.
Nach neun Monaten
kriegt frau ein Kind,
ihr eigenes.

Man nahm
eine Leihmutter.
Sie gebar aber Zwillinge.
Die Auftraggeberin nahm
nur die halbe Ware.
Die Leihmutter bekam
das andere Kind,
ihr eigenes.

Lasst uns Menschen machen.

1 Mose/Genesis 1,26

23

Der verstoßene Sohn

Pfarrer verkünden die Frohe Botschaft,
dass Gott jedes Menschenkind liebt,
bedingungslos, ohne Wenn und Aber.

Wenn aber ein katholischer Pastor
öffentlich zu Frau und Kind steht,
muss er gehen.

Nicht wenige Hochwürdige Herren
lassen ihre Geliebte mit Kind sitzen
und stehen weiterhin am Altar.

Wer sich jedoch freimütig
für Frau und Kind entscheidet,
ist für den Bischof ein verlorener Sohn.

Die Mutter Kirche stellt den Zölibat
über das Liebesgebot.
Als wäre die Liebe nicht das Höchste.

Für jetzt bleiben Glaube, Hoffnung, Liebe, diese drei;
doch am größten unter ihnen ist die Liebe.

1 Kor 13,13

Er

Es heißt,
dass er ihr ein Kind gemacht hat.
Was immer das heißt.

Bei der Geburt steht
der Macher hilflos daneben,
kann nichts machen.

Während die Mutter
schreiend in den Wehen liegt,
fällt er schier in Ohnmacht.

Doch nach der Entbindung
zeigt er stolz sein Kleines,
als hätte er es zur Welt gebracht.

Es heißt:
Selbst ist der Mann.
Was immer das heißt.

Warum sehe ich denn jeden Mann
mit den Händen auf den Hüften
wie eine Gebärende?

Jeremia 30,6

Alles Fleisch ist Gras

Die Wurst schmeckt wahnsinnig lecker,
wenngleich gar kein Fleisch drin ist,
aber das kann mir doch Wurscht sein.

Das Schnitzel ist auch nicht ohne
Geschmacksverstärker und Zusatzstoffe,
doch das gute Stück schmeckt wie mit ohne.

Die Fleischerlobby ist außer sich.
Was drauf steht, muss auch drin sein:
Bestialisch geschlachtete Tiere.

Auch Fleischbeschauer und Metzger
kommen nicht davon
und beißen zu guter Letzt ins Gras.

Vegetarier und Veganer
müssen ebenso daran glauben
und gehen den Weg allen Fleisches.

Die Bibel hat doch recht:
Alles Fleisch ist Gras.
Grässlich.

Alles Fleisch ist Gras,
und all seine Herrlichkeit wie eine Blume im Gras.
Das Gras verdorrt, die Blume verwelkt.

1 Petrus 1,24

Unsere Lehrmeister

Kinder können sich noch wundern,
bewundern das Wunder,
das in allem steckt.

Sie machen große Augen,
stehen mit offenem Mund da,
kommen aus dem Staunen nicht heraus.

Die Kleinen haben einen direkten Draht
zum lieben Gott und glauben einfach,
dass er alles kann.

Kinder singen, hüpfen,
springen, tanzen mit Leib und Seele,
lehren uns im Hier und Jetzt zu leben.

Von den Kleinen können wir
vieles lernen,
mehr als von den Großen.

In jener Stunde kamen die Jünger zu Jesus und fragten: Wer ist
denn der Größte im Himmelreich? Da rief Jesus ein Kind herbei,
stellte es in die Mitte und sprach: Wahrlich, das sage ich euch.
Wenn ihr nicht umkehrt und werdet wie die Kinder, kommt ihr
nicht ins Himmelreich hinein. Wer sich also selbst niedrig macht
wie dieses Kind, der ist der Größte im Himmelreich.

Matthäus 18,1-4

Nötiger als Brot

Tafelbrötchen, Sojabrot,
Vollkornseelen, Brezeln,
Ciabatta, Käsestangen …

Vieles,
was wir brauchen,
brauchen wir nicht.

Vieles,
was wir nicht brauchen,
brauchen wir.

Ein Lob,
ein Lächeln,
eine stille Umarmung.

Diese Lebensmittel
brauchen wir
nötiger als Brot.

Der Mensch lebt nicht vom Brot allein.

Matthäus 4,4

Geld Gott

Wir hängen am Geld,
tanzen um das Goldene Kalb.

Wir knien vor dem Kapital,
beten den Profit an.

Wir sind Kapitalisten,
nennen uns aber Christen.

Entweder hängt unser Herz
am Geld oder an Gott.

Der Mammon macht uns
Gott los.

Ihr könnt nicht beiden dienen,
Gott und dem Mammon zugleich.

Matthäus 6,24

Fußball Gott

Die Kirchenbänke leer,
die Loblieder verstummt.

Die Fangesänge der Kirchenchor,
das Stadion die Kathedrale.

Der Rasen sakrosankt,
das Tor das Allerheiligste.

Die Spieler die Götzen,
der Trainer der Messias.

Fußball der Gott,
die Religion.

Zigtausende singen stehend
den Gemeinde-Choral:

You´ll never walk alone,
du wirst nie allein gehen.

Der Trost des Glaubens.

Und muss ich auch wandern
in finsterer Schlucht,
ich fürchte kein Unheil;
denn du bist bei mir.

Psalm 23,4

Satt ist nicht genug

Volle Kaufhäuser, volle Taschen,
volle Teller, volle Kühlschränke.

Und trotzdem bleibt
eine innere Leere.

Wir erfüllen uns viele Wünsche,
aber sie erfüllen uns nicht.

Zum Glücklichsein fehlt uns etwas,
das wir nirgends kaufen können.

Wir brauchen spirituelle Lebensmittel,
Schwarzbrot für die Seele,
das unsere Sehnsucht stillt.

Danach sehnt sich mein Herz in meiner Brust.

Hiob 19,27

Versäumt

Das nicht gesagte,
das verweigerte Wort,
verfolgt uns länger
als das gesprochene.

Das nicht Getane,
das Unterlassene,
belastet uns mehr
als die böse Tat.

Die verpasste Chance,
die vertane Zeit,
bereuen wir mehr
als alles andere.

Wer also Gutes tun kann
und es nicht tut, der sündigt.

Jakobus 4,17

Nächstenliebe

Menschen mögen,
die mich nicht mögen.

Menschen annehmen,
die mich ablehnen.

Menschen lieben,
die mich nicht leiden können.

Liebe deinen Nächsten
wie dich selbst.

Bist du aber katholisch schwul,
darfst du deinen Nächsten nicht lieben
wie dich selbst.

Du Saukerl!

Du sollst deinen Nächsten lieben
wie dich selbst.

3 Buch Mose/Levitikus 19,18

Unverschämt katholisch

Als Aidsseelsorger
habe ich mich oft geschämt,
weil ich von der katholischen Kirche kam.

Die Verlautbarungen des Vatikans
sind ein Schlag ins Gesicht von Schwulen
und verletzen auch Lesben zutiefst.

Für Rom sind Homosexuelle nur Sünder.
Als hätten sie sich das selbst ausgesucht
und würde das Anderssein Spaß machen.

Autos, Hunde, Waffen werden gesegnet,
aber nicht zwei Männer oder Frauen,
die sich lieben.

Unverschämt katholisch,
Menschen erst zu segnen,
wenn sie im Sarg liegen.

Bleibt niemandem etwas schuldig;
nur die Liebe schuldet ihr einander immer.
Wer den andern liebt, hat das Gesetz erfüllt.

Römer 13,8

Nicht menschlich

Wie viele Hinterbliebene leiden
schwer unter dem Schmerz,
ihren nächsten Angehörigen
im Stich gelassen zu haben.

Wie viele sind gestorben
– nicht nur an Covid-19 –
ohne ein letztes liebes Wort,
ohne menschlichen Beistand.

AHA. Auch in der Stunde des Abschieds.
Einander berühren, die Hand halten,
streicheln, sich drücken, umarmen –
alles strengstens untersagt.

Und dann noch der Lappen im Gesicht,
der den Trauernden die Luft nimmt.
Weinen mit Maske. Zum Heulen.
Die neue Normalität.

Das Verrückte ist normal,
rückt die Angehörigen auseinander,
normal Abschied nehmen nicht möglich.
Corona hat das Begräbnis begraben.

Lass die Toten ihre Toten begraben!

Matthäus 8,22

Hautnah

Eine Mutter bringt ihren kleinen Jungen abends ins Bett.
Nach dem Abendgebet sagt sie zu ihrem Bub:
„Hab keine Angst. Gott ist bei dir, er ist dir ganz nahe."
Kurze Zeit später kommt das Kind zu seiner Mutter gerannt,
kuschelt sich ganz nahe an sie heran und sagt:
„Ich weiß schon, dass Gott in meinem Zimmer ist,
aber ich brauche etwas mit Haut drumrum."

Hilfsbedürftige strecken die Hand aus,
brauchen einen Menschen zum Anfassen.
Die Haut, das größte Organ, ist auch das Organ der Seele.
Darum tut uns Hautkontakt so gut.
Über die Haut erfahren wir,
dass wir angenommen, geliebt sind.
Wir hungern nach einer Umarmung, sehnen uns nach Nähe.
Wir möchten berührt werden.

Eines Tages kam ein Aussätziger zu Jesus, fiel vor ihm auf die Knie
und bat: Wenn du willst, kannst du mich gesund machen. Jesus
hatte Mitleid mit ihm, streckte seine Hand aus, berührte ihn und
sagte: Ich will es – werde rein! Im gleichen Augenblick verschwand
der Aussatz, und der Mann war rein.

Markus 1,40-42

Wer ist mein Nächster?

Sonntagabend gegen 22 Uhr,
mein Auto fährt nicht mehr,
und das auf der Autobahn.
Alle rasen an mir vorbei,
fast alle.
Ein Türke hält, lächelt
und hilft mir.
Der Motor springt wieder an.
Ich will ihm Geld geben,
doch er winkt ab:
Helfen Sie dem Nächsten,
den Sie in Not sehen.

Dem Nächsten helfen,
Nächstenliebe
in der Tat
eine gute Tat.

Ein Mann ging von Jerusalem nach Jericho hinab durch die judäische Wüste und wurde von Räubern überfallen. Die plünderten ihn aus und schlugen ihn nieder; dann machten sie sich davon und ließen ihn halb tot liegen. Zufällig kam ein Priester dieselbe Straße herab, und als er ihn sah, ging er vorüber. Auch ein Levit kam zu der Stelle, er sah ihn und ging weiter. Ein Samariter aber, der auf der Reise war, kam dahin; und als er ihn sah, hatte er Mitleid, ging zu ihm hin, goss Öl und Wein auf seine Wunden und verband sie ihm, hob ihn auf sein Tier und brachte ihn in eine Herberge und pflegte ihn.

Lukas 10,30-34

Du

Manchmal sieht
kein anderer die Not.
Du bist gefragt.

Manchmal hört
kein anderer den Hilferuf.
Du bist gemeint.

Manchmal ist
kein anderer in der Nähe.
Du bist der Nächste.

Der Erstbeste.

Denn mit sehenden Augen sehen sie nicht,
und mit hörenden Ohren hören sie nicht!

Matthäus 13,13

Miteinander

Ein Blinder und ein Lahmer
wurden von einem Waldbrand überrascht:
Die beiden gerieten in Angst.
Der Blinde floh aufs Feuer zu.
Der Lahme rief ihn zurück.
„Wohin soll ich mich denn wenden?",
fragte der Blinde.
„Ich könnte dir den Weg zeigen, aber ich bin lahm.
So nimm mich auf deine Schultern,
damit ich dir angebe, wie du dem Feuer, den Schlangen
und den Dornen ausweichen kannst."
Der Blinde folgte dem Rat des Lahmen und miteinander
gelangten sie wohlbehalten in die Stadt.

Indisches Märchen

Ich war des Blinden Auge
und des Lahmen Fuß.

Hiob 29,15

Durch die Blumen sagen

Legt dein Nachbar
dir Steine in den Weg,
gehst du darüber hinweg
mit einem Lächeln.

Wirft dein Nachbar
dir Steine in den Garten,
bringst du ihm Blumen
aus deinem Garten.

Die etwas andere
Nachbarschaftshilfe.

Lass dich vom Bösen nicht besiegen,
sondern besiege das Böse mit dem Guten.

Römer 12,21

Lust und Liebe

In Film und Fernsehen
wollen beide nur das Eine
und haben immer
gleich viel Lust.

Doch im wahren Leben
ist der Liebesakt nicht selten
ein Akt der Nächstenliebe.
Mehr Frust als Lust.

Wird das Lustspiel
im letzten Akt
zum Trauerspiel,
bleibt nur noch Liebe.

Und im Altersheim
hilft die Sexualassistentin
liebevoll weiter.
Rein professionell.

Denn ich habe Lust an der Liebe
und nicht am Opfer.

Hosea 6,6

Glaubwürdig

Unser Glaube
bleibt im Kopf sitzen,
sickert nicht durch
bis in die Seele.

Unser Glaube
braucht Hand und Herz,
muss sich auswirken
in guten Werken.

Erst durch die Liebe
werden wir Gläubige
wirklich glaubwürdig.
In der Tat.

Wenn ein Bruder oder eine Schwester ohne Kleidung ist
und ohne das tägliche Brot und einer von euch zu ihnen sagt:
Geht in Frieden, wärmt euch und esst euch satt - ihr gebt ihnen
aber nicht, was sie zum Leben brauchen, was nützt das?
So ist auch der Glaube für sich allein tot,
wenn er nicht gute Werke vorzuweisen hat.

Jakobus 2,15-17

Herumeiern

Wir sagen Ja, aber …
Ja, wenn.

Unser Nein ist oft
ein halbes Ja.

Wir eiern rum,
sowohl als auch.

Wir sind Wischiwaschi.
Ja, aber Nein doch.

Vielleicht, eventuell.
Entschieden unentschieden.

Jain-Sager sind wir.
Nein, aber Ja doch.

Eure Rede aber sei,
Ja, Ja.
Nein, Nein.

Matthäus 5, 37

Arm dran

Selig ihr Armen!
Diese Worte habe ich im Gefängnis
kaum über die Lippen gebracht.
Denn wie viele sitzen im Knast,
die für ihre Armut bestraft werden!
Sie werden in Haft genommen,
weil sie schwarzgefahren sind.
Ein Bußgeld von 500 Euro
kostet die Armen 100 Tage Knast.
Und wie viele hocken da,
weil sie keinen festen Wohnsitz haben.
Und oft auch nicht das Geld,
um einen Anwalt zu bezahlen.
Die Armut treibt manche regelrecht ins Gefängnis.
Männer, die im Winter ein Schaufenster einschlagen,
um im Knast ein warmes Bett zu haben.
Andere lassen sich beim Klauen absichtlich erwischen
und freuen sich, wenn die Polizei sie endlich festnimmt.
Ab ins Kittchen. Da müssen sie wenigstens nicht frieren.
Selig ihr Armen!?

Selig ihr Armen.

Matthäus 5,3

Pharisäer im Knast

Der Betrüger brüstet sich:
Herr, ich danke dir,
dass ich nicht so bin
wie der Verbrecher hinter mir.

Der Räuber stellt sich hin:
Herr, ich danke dir,
dass ich nicht so bin
wie der Mörder hinter mir.

Der Lebenslängliche erhebt sich:
Herr, ich danke dir,
dass ich nicht so bin
wie das Schwein hinter mir.

Der Kinderschänder hinten betet:
Herr, ich danke dir,
dass ich nicht so bin
wie die Pharisäer vor mir.

Zwei Männer gingen zum Tempel hinauf, um zu beten. Der eine
war ein Pharisäer, der andere ein Zöllner. Der Pharisäer stellte sich
hin und sprach leise dieses Gebet: Gott ich danke dir, dass ich
nicht bin wie jene Räuber, Betrüger, Ehebrecher oder auch wie
dieser Zöllner dort. Ich faste zweimal in der Woche und gebe dem
Tempel den zehnten Teil meines ganzen Einkommens.
Der Zöllner aber blieb ganz hinten stehen und wagte nicht einmal
seine Augen zum Himmel zu erheben, sondern schlug sich an die
Brust und betete: Gott, sei mir Sünder gnädig!

Lukas 18,10-13

Zweierlei

Wenn ein armer Schlucker
sich voll die Kanne gibt,
nennt man ihn einen Penner.

Wenn die Frau Direktor
täglich eine Flasche Likör leert,
ist sie weiterhin eine Dame.

Wenn ein vornehmer Mann
eine Frau für Sex bezahlt,
bleibt er ein feiner Herr
und sie für ihn eine Hure.

Wenn zwei das Gleiche tun,
ist das ungleich anders.

Zweierlei Gewicht
und zweierlei Maß,
beide sind dem Herrn ein Greuel.

Sprüche 20,10

Mensch = Mensch

Keiner ist so schlecht wie sein Ruf,
keiner so gut wie sein Nachruf.

Durch zu viel Weihrauch
werden selbst Heilige rußig.

Keiner ist mehr als ein Mensch
und keiner weniger.

Die sogenannte Bestie
und auch das Monster sind Menschen.

Einen Unmenschen gibt es nicht,
ebenso wenig wie einen Übermenschen.

Nicht einer von uns wandert über die Erde,
ohne Fehltritte zu begehen.

So sind wir Menschen.

Als nun Petrus ankam, ging ihm Kornelius entgegen
und warf sich ehrfürchtig vor ihm nieder.
Petrus aber richtete ihn auf und sagte:
Steht auf! Auch ich bin nur ein Mensch.

Apostelgeschichte 10,25-26

Ver-rückt

Gesundbeter, Schamanen,
heilende Hände, Meditation,
Horoskop, Astrologie …

Aberglaube, Wunderkräfte,
Heilkräuter, Kügelchen,
Esoterik, Wahrsagerei …

Gelbe, grüne, graue Pillen,
Placebos helfen ebenso,
sogar bei Zahnschmerzen.

Es ist wirklich verrückt,
wie auch der kleinste Glaube
Berge versetzt.

Wenn euer Glaube auch nur so groß ist wie ein Senfkorn,
dann werdet ihr zu diesem Berg sagen: Rück von hier nach dort!
und er wird wegrücken. Nichts wird euch unmöglich sein.

Matthäus 17,20

Zweifel los

Ich glaube,
dass ich glaube,
aber ich bin mir nicht sicher.

Ich wüsste gerne ganz gewiss,
dass es Gott gibt.
Zweifelsohne.

Gläubige glauben zu wissen.
Aber wissen ist nicht glauben
und glauben nicht wissen.

Und doch gibt es Menschenkinder,
die ganz gewiss wissen,
was andere nur glauben können.

Ich glaube,
hilf meinem Unglauben.

Markus 9,24

Mit Leib und Seele

Du kannst
am Boden liegen,
aufrecht knien,
gerade stehen …

Du kannst
die Arme heben,
die Hände öffnen,
die Fäuste ballen …

Du kannst
vor Freude hüpfen,
Tränen fließen lassen,
dein Herz ausschütten …

Du kannst
ruhig mit ihm reden,
ihn zur Rede stellen,
ihn laut anschreien …

Du kannst
ihn anschweigen
und in der Stille hören,
was er dir sagt.

Wenn ihr betet, sollt ihr nicht plappern wie die Heiden,
die meinen, sie werden nur erhört, wenn sie viele Worte machen.

Matthäus 6,7

Zeit genossen

Lebenslange Ehe
ein Auslaufmodell.

Lebensabschnittspartner
gehen mit der Zeit.

Tagesabschlusspartner
kommen und gehen.

Doch die Sehnsucht
vergeht nicht.

Bis einer kommt
und nicht mehr geht.

Wo du hingehst,
da will auch ich hingehen.
Wo du bleibst,
da bleibe auch ich.

Ruth 1,16

Ich frage mich

Ich frage mich,
habe ich zwei Ichs?
Das eine Ich sagt: Du bist okay.
Das andere: Ich mag mich nicht.

Manchmal singt das eine Ich in mir,
während das andere Ich weinen muss.
Das eine Ich glaubt an Gott,
das andere Ich ist voller Zweifel.

Das eine Ich klagt das andere Ich an.
Wie konntest du das nur tun?
Warum bist du nicht der Mensch,
der du sein könntest?

In mir wohnen zwei Ichs,
die beide ein Teil von mir sind
und unzertrennlich zu mir gehören,
da ich ich bin.

Ich tue nicht das Gute, das ich will,
sondern das Böse, das ich nicht will.

Römer 7,19

Spiegel

Die Bettlerin zeigt mir,
um was ich bettle:
ein kleines Lob,
ein wenig Anerkennung.

Der Obdachlose zeigt mir,
dass auch ich *ofw* bin,
ohne festen Wohnsitz,
nur auf der Durchreise.

Die Straftäter zeigen mir
meine dunklen Schatten,
der Mörder führt mich
zu meiner Leiche im Keller.

Die Kranken zeigen mir
meine Hinfälligkeit
und halten mir vor Augen,
was auf mich zukommt.

Die Sterbenden zeigen mir,
wohin auch mein Weg führt
und lassen mich
durch das Schlüsselloch schauen.

Seid nicht wie ein Mensch, der sein eigenes Gesicht kurz im
Spiegel betrachtet, anschließend gleich wegläuft
und schon hat er vergessen, wie er aussah.

Jakobus 1,23

Im Glashaus

Die Ehebrecherin sollte gesteinigt werden,
während ein verheirateter Mann
mehrere Frauen haben durfte.

Kein einziger Stein ist damals geflogen.

Jesus hielt den Pharisäern einen Spiegel vor.
Darin erkannten die Saubermänner,
wie viel Dreck sie selbst am Stecken hatten.

Zuerst schlichen die Ältesten davon.

Mit zunehmendem Alter werden wir milder,
wir erkennen klarer die eigene Schuld;
der Stein fällt uns von selbst aus der Hand.

Wer von euch ohne Sünde ist,
werfe als Erster einen Stein auf sie.

Johannes 8,7

Selbst schuld

Die sind doch
selbst schuld.

Dein Urteil ist leicht –
fertig.

Jeder bekommt das,
was er verdient.

Dein Urteil ist leicht –
sinnig.

Denn leicht fällt dies Urteil
auf dich selbst zurück.

Und das wiegt dann schwer.

Richtet nicht,
auf dass ihr nicht gerichtet werdet.

Matthäus 7,1

Von innen her

Schlechtes Gewissen, Schuldgefühle,
Scham, hinterhältige Gedanken …

Durch häufiges Duschen und Baden
können wir uns nicht reinwaschen.

Wir wischen, putzen, schrubben,
wir sind die reinsten Reinemacher.

Doch das, was uns unrein macht,
kommt von innen, nicht von außen.

Böse Absichten, Verwünschungen
verschmutzen uns von innen her.

Richtig sauber werden wir erst dann,
wenn wir mit uns im Reinen sind.

Jesus wurde von einem Pharisäer zum Essen eingeladen.
Er ging mit und setzte sich zu Tisch. Entrüstet bemerkte der
Gastgeber, dass sich Jesus vor dem Essen nicht die Hände
gewaschen hatte. Da sagte Jesus, der Herr, zu ihm: Das passt zu
euch, ihr Pharisäer! Ihr haltet zwar eure Becher und Teller sauber,
aber ihr selber seid in eurem Innern voller Gier und Bosheit.

Lukas 11,37-39

Die Frage

Du klagst
anderen dein Leid.

Du badest dich
in Selbstmitleid.

Du bekommst
viel Zuwendung.

Du stehst
im Mittelpunkt.

Deine leidige Lage
bringt dir einiges.

Willst du wirklich,
dass sich das ändert?

Dort lag auch ein Mann,
der schon achtunddreißig Jahre krank war.
Als Jesus ihn dort liegen sah und erkannte, dass er schon lange
krank war, fragte er ihn: Willst du gesund werden?

Johannes 5,5-6

Fürsprecher

Tue deinen Mund auf für die Stummen,
die keine Stimme haben.

Tue deinen Mund auf für die Verstummten,
deren Schreie im Nichts verhallen.

Tue deinen Mund auf für die Schwachen,
die sich selbst nicht wehren können.

Lege ein gutes Wort für die Menschen ein,
über die nur schlecht geredet wird.

Das kommt auch im Himmel an.

Öffne deinen Mund für die Stummen,
für das Recht aller Schwachen!

Sprüche 31,8

Unerhört

Manche Kranke wurden
auf wunderbare Weise geheilt.
Angeblich hat Gott ihr Gebet erhört.
Und was ist mit all den andern Betern,
die nicht wieder gesund werden
oder gar mitten im Leben sterben?
Haben Sie etwa nicht richtig gebetet?

Oder erhört Gott unser Gebet
oft anders als wir es uns erhoffen?
Er heilt uns zwar nicht von der Krankheit,
macht aber unsere Seele heil.
Kann die Erhörung sogar darin bestehen,
dass Gott uns das Gegenteil gibt von dem,
um was wir ihn bitten?

Unerhört.

Bittet Gott, und er wird euch geben.
Sucht, so werdet ihr finden.
Klopft an, er wird euch auftun.
Wer bittet, wird empfangen.
Wer sucht, wird finden.
Wer anklopft, dem wird Gott eine Tür öffnen.

Matthäus 7,7-8

Hier und jetzt

Es ist Sonntag.
Die Gläubigen sind zum Gottesdienst versammelt.
Da kommt Jesus in die Kirche hinein und sieht am Rand
einen Mann mit einer verkrüppelten Hand.
Er geht zum Gehandicapten hin, stellt ihn in die Mitte.
Der Gottesdienst kann warten.
Diesem Mann zu helfen hat Vorrang.

Zuerst kommt der Mensch.
Und wenn dieser auch nur eine halbe Stunde
weniger zu leiden hat,
gebietet die Nächstenliebe, das Sonntagsgebot zu brechen.
Wo Leid gelindert wird, ist Gott gedient.
Menschendienst = Gottesdienst.
Das Gebot ist für den Menschen da.

Der Sabbat ist für den Menschen da
und nicht der Mensch für den Sabbat.

Markus 2,27

Lieb und nett

Ein Freund der Sünder,
kein Kirchenmann,
dieser Fresser und Säufer.

Jesus aß und trank gern
mit seinen Freunden
ein Gläschen.

Die gute Nachricht
für Otto Normalverbraucher
und Weinhändler.

Die Feindesliebe
und die Armut
restlos gestrichen.

Unter dem Strich
bleibt von Jesu Botschaft:
Seid nett zueinander.

Das Evangelium
light
für Leichtgläubige.

Im Tempel fand er die Händler von Rindern, Schafen und Tauben und die Geldwechsler. Er machte aus Stricken eine Peitsche und trieb sie alle aus dem Tempel hinaus, auch die Schafe und Rinder; die Münzen der Wechsler schüttete er aus, und ihre Tische stieß er um.

Johannes 2,14-15

Sind sie noch zu retten?

Sie gehen sonntags in getrennte Kirchen,
einen Steinwurf voneinander entfernt.
Sie beten das gleiche Vaterunser,
hören die gleiche Frohe Botschaft
von dem einen guten Hirten.

Sie singen die gleichen Loblieder,
bekennen den gleichen Glauben
aber das Tischtuch ist
immer noch zerrissen.
Kein gemeinsames Abendmahl.

Sie teilen die Nächstenliebe auf
in Caritas und Diakonie.
Sie reden mit zwei Stimmen
und überhören seine Stimme:
Ihr sollt alle eins sein.

Erbarm dich, Herr.

Was Gott verbunden hat,
das soll der Mensch nicht trennen.

Matthäus 19,6

Der Jesus

Der Jesus der Kirchen
ist mir zu brav.
Ihm fehlt der Biss.

Der Jesus der Frommen
ist mir zu glatt.
Ihm fehlen Ecken und Kanten.

Der Jesus der Theologen
ist mir zu verkopft.
Ihm fehlen Hand und Fuß.

Der Jesus der Evangelien
ist mir zu radikal.
Mir fehlt der Mut,
ihm nachzufolgen.

Geh, verkaufe, was du hast,
gib das Geld den Armen.

Markus 10,21

Wahnsinn

Wer seine Freunde auffordert,
auch seine Feinde zu lieben,
Vater und Mutter zu hassen,
ist für die Normalen verrückt.

Wer vierzig Tage und Nächte
in der Wüste Gespräche führt
mit seinem Vater im Himmel,
ist ein Fall für den Psychiater.

Heute würde man den Fall J.
ganz anders lösen und ihn
in der Klapsmühle
mit Psychopharmaka lahmlegen.

Wenn jemand zu mir kommt und nicht Vater und Mutter,
Weib und Kind, ja sogar sein eigenes Leben hasst, kann er nicht
mein Jünger sein.

Lukas 14,26

Schluckbeschwerden

An manchem Wort Jesu
habe ich schwer zu knabbern,
muss es immer wieder kauen.

Nein, es ist kein Kaugummi,
was er da sagt,
und schon gar kein Lutschbonbon.

Und habe ich es dann geschluckt,
bleibt es mir im Magen liegen,
stößt mir immer wieder auf.

Ein Stein des Anstoßes:
stets von Neuem zu vergeben
und auf Strafe zu verzichten.

Da wandte sich Petrus an Jesus.
Herr, wie oft darf mein Bruder mir Unrecht tun,
bis ich ihm nicht mehr zu verzeihen brauche?
Ist siebenmal genug?
Ich sage dir, sagte Jesus, nicht siebenmal,
sondern siebzigmal siebenmal.

Matthäus 18,21-22

Schuldbekenntnis

Ehebruch beginnt nicht erst mit der Tat,
sondern schon in Gedanken daran.

Ich habe gesündigt
in Gedanken, Worten und Werken.

Gedanken wirken weiter,
wirken sich in der Tat aus.

Mord fängt auch im Kopf an.
In der Oberstube.

Wie viele Leichen liegen im Keller,
aber wir laufen weiter unschuldig herum –
mit begierigen Blicken.

Ich aber sage euch: Wer eine Frau auch nur lüstern ansieht,
hat in seinem Herzen schon Ehebruch begangen.

Matthäus 5,28

Fleisch

Morgen,
kommende Woche,
nächsten Monat vielleicht.

Es fällt uns schwer,
unsere guten Vorsätze
in die Tat umzusetzen.

Wir sind guten Willens,
möchten auf Fleisch verzichten,
die armen Tiere tun uns leid.

Aber das feine Filet – mhm,
das Fleisch ist schwach,
hat mehrere Schwachstellen.

Wären wir aus Holz,
hätten wir es weitaus leichter
mit der Fleischeslust.

Der Geist ist willig,
aber das Fleisch ist schwach.

Matthäus 26,41

Das Letzte

Penner, Fixer, Huren, Mörder.
Die letzten Menschen
werden die ersten sein.

Das wäre doch das Letzte,
wenn solche im Himmel
die besten Plätze bekämen.

Da bleibe ich lieber draußen
und gehe gleich in die Hölle
zu den Anständigen.

So werden die Letzten die Ersten sein
und die Ersten die Letzten.

Matthäus 20,16

Die Meisterprüfung

Zuallererst brauchst du
das richtige Geschlecht
und das Abitur
und Latein, Griechisch, Hebräisch.

Dann brauchst du
ein paar Meter Bücher,
eine Menge Prüfungen
und einen kleinen Heiligenschein.

Schließlich brauchst du nur noch
auf Frau und Kinder zu verzichten
und schon hast du die Meisterprüfung
der katholischen Kirche bestanden.

Doch um berufen zu sein,
brauchst du nicht den Priesterberuf.
Wie viele Frauen sind ein Segen
ohne geweihte Hände!

Als Jesus die Straße entlangging, sah er Matthäus in seiner
Zollstation sitzen. Komm mit und folge mir nach, sagte er zu ihm.
Und Matthäus stand auf und folgte ihm nach.

Matthäus 9,9

Sich ärgern

Ich ärgere mich
über die trödelnde Tante
vor mir an der Kasse.

Ich ärgere mich
über die lahme Ente
vor mir auf der Autobahn.

Ich ärgere mich
über die lange Schlange
vor dem Schalter.

Ich ärgere mich
über die Leute,
die immer Geduld haben.

Mensch,
ärgere dich nicht
über dich.

Lass dich nicht aufregen, so dass du dich ärgerst,
denn Ärger steckt in den Ungebildeten.

Prediger/Kohelet 7,9

Mein roter Faden

Jeden Morgen
greife ich den Faden
wieder auf.

Von Tag zu Tag
spinne ich weiter,
so gut ich kann.

Manchmal
verliere ich den Faden
und suche einen neuen.

Doch dann finde ich ihn
schön eingefädelt wieder –
meinen Lebensfaden.

Denn du hast mein Inneres geschaffen,
mich gewoben im Schoß meiner Mutter.

Psalm 139,13

Denk Zettel

70 Jahre währt unser Leben,
wenn es hoch kommt, achtzig.
Die Bibel hat wieder mal unrecht.

70 ist heute noch nicht alt.
80-jährige laufen Marathon.
Es gibt immer mehr Hundertjährige.

Leute, wollt ihr ewig leben?
Corona gibt uns einen Denkzettel.
90 Prozent der Toten sind über siebzig.

Als Hochbetagte
haben wir längst das nötige Alter
für den Zettel an unserem Zeh.

Der Denk Zettel.

Herr, lehre uns bedenken,
dass auch wir sterben müssen,
lehre uns unsere Tage zählen,
damit wir klug werden.

Psalm 90,12

Zeitansage

Heute ist morgen schon gestern.
Morgen war gestern noch heute.
Gestern war heute noch morgen.

Die Gesunden von gestern
sind die Kranken von heute
und die Toten von morgen.

Die Bizeps-Bodys von gestern
sind die alten Knochen von heute
und die kalte Asche von morgen.

Der Schnee von gestern
ist das Wasser von heute
und der Regenbogen von morgen.

Alles kommt und geht,
vergeht mit der Zeit,
geht ein in die Ewigkeit.

Heute noch reckt er sich hoch empor,
morgen schon ist er verschwunden;
denn er ist wieder zu Staub geworden
und mit seinen Plänen ist's aus.

1 Makkabäer 2,63

Denk mal

Gräber, Kreuze, Inschriften,
Namen, Jahreszahlen
erinnern uns Nachkommen
an die Menschen,
die uns vorangegangen sind.

Sie haben schon hinter sich,
was wir noch vor uns haben.
Der Glaube an ein Wiedersehen
mit unseren Vorgängern
lässt uns leichter nachkommen.

Eines Tages ist unser Grab
für unsere Nachfahren
ein Denkmal.
Denk mal,
was dir noch bevorsteht.

Fürchte dich nicht vor dem Tod, weil er dir auferlegt ist.
Denk daran: Vorfahren und Nachkommen trifft es wie dich.

Jesus Sirach 41,3

An der Grenze

Ich war als Grenzgänger unterwegs.
Von draußen nach drinnen,
von der Mitte der Gesellschaft
zum äußersten Rand.

Da habe ich Fixern Spritzen gegeben,
drogenabhängigen Frauen
Kondome für den Strich,
zum Schutz vor HIV.

Als katholischer Kirchenmann
bin ich an Grenzen gestoßen,
habe Geschiedene getraut,
Schwulen und Lesben gesegnet.

Ich bin mit vielen
bis an die Grenze gegangen,
und auf dem Gottesacker wurden
mir tiefe Grenzerfahrungen zuteil.

Und wenn ich dann gehe,
überschreite ich die große Grenze
und trete ein in das Land
grenzenloser Liebe.

Dann wird er alle Tränen von ihren Augen abwischen.
Der Tod wird nicht mehr sein, keine Trauer, keine Klage,
keine Mühsal. Denn was früher war, ist vergangen.

Offenbarung 21,4

Mit anderen Augen

Wir sehen vieles,
vieles sehen wir nicht.

Das meiste im Leben
bleibt uns verborgen.

Auch der Unsichtbare
lässt sich nicht sehen.

Doch Gott sieht uns
mit gütigen Augen.

Und er glaubt an uns,
vertraut uns blind.

Meine Augen schauen stets auf den Herrn.

Psalm 25,15

Wahre Größe

Wir messen den Umfang
um unseren Bauch.
Abnehmen ist angesagt.

Legen wir das Maßband
um unser Herz.
Zunehmen erwünscht.

Der Umfang unseres Herzens
zeigt unsere wahre Größe,
unsere Großherzigkeit.

Ein großes Herz
ist das Maß aller Dinge
für den barmherzigen Gott.

Seid barmherzig, wie auch euer Vater barmherzig ist.

Lukas 6,36

Ein reines Herz

Wer ein reines Herz hat,
ist aufrichtig, ehrlich
und frei von jeder Gier.

Wer ein reines Herz hat,
ist ohne Hintergedanken,
tut nichts Hinterhältiges.

Wer ein reines Herz hat,
redet nicht doppeldeutig –
ist in allem einfach klar.

Wer ein reines Herz hat,
kann den Himmel sehen –
mit geschlossenen Augen.

Selig, die ein reines Herz haben,
sie werden Gott schauen.

Matthäus 5,8

Innere Ruhe

Ruhig leben,
in sich selbst ruhen,
kein anderer sein wollen,
niemandem nacheifern.

Den eigenen Weg
täglich weitergehen
und immer wieder
in Ruhe zu sich kommen.

Die eigenen Aufgaben
sich zu Herzen nehmen,
seine Berufung erfüllen:
dazu sind wir auf der Welt.

Seht eure Ehre darin, ruhig zu leben,
euch um die eigenen Aufgaben zu kümmern,

1 Thessalonicher 4,11

Mama

Unser aller Leben hat damit angefangen,
dass wir ein Teil unserer Mutter waren.
Sie hat uns unter ihrem Herzen getragen,
unter Wehen zur Welt gebracht.
Die Muttermilch war unsere erste Nahrung.
Unsere Mama hat uns die Muttersprache beigebracht.
Mama war unser erstes Wort.
Beim Tod unserer Mutter stirbt ein Teil von uns mit,
tragen wir ein Stück von uns selbst zu Grabe.
Wir mögen noch so groß und alt sein,
ohne unsere Mutter fühlen wir uns bisweilen
mutterseelenallein.

Ich ließ meine Seele ruhig werden und still;
wie ein kleines Kind bei der Mutter
ist meine Seele still in mir.

Psalm 131,2

86

Das Kind in uns

Als wir erwachsen wurden,
haben wir das Kind in uns nicht abgelegt.

Unsere nicht erfüllten Kinderträume
lassen uns weiter träumen.

Glauben wir auch nicht mehr an Gott,
dann und wann betet das Kind in uns.

Manchmal könnte man meinen,
wir sind noch Riesen-Babys.

Zuweilen weint das Kind in uns,
weil es sich verletzt fühlt.

Und immer noch können wir
nicht genug Liebe bekommen.

Auch Opa und Oma möchten
stets noch gestreichelt werden.

Als ich ein Kind war, redete ich wie ein Kind,
dachte ich wie ein Kind und urteilte wie ein Kind.
Als ich ein Mann wurde, legte ich ab, was Kind an mir war.

1 Korinther 13,11

Mein Baby

Mutter, an deiner Hand
bin ich die ersten Schritte
ins Leben gegangen.

Nun begleite ich dich
Schritt für Schritt
aus dem Leben.

Ich wasche dich,
ich füttere dich,
ich streichle dich.

Die Rollen
sind nun umgekehrt.
Du bist jetzt mein Baby.

Ach Mutter,
du weißt nicht mehr,
dass ich dein Kind bin.

Doch ich
weiß sehr wohl,
dass du meine Mama bist.

Verachte deine Mutter nicht,
wenn sie alt geworden ist.

Sprüche 22,23

Danke!

Bedenke ich,
was andere mir
alles gegeben haben,
kann ich nur Danke sagen.

Bedenke ich,
welch gute Gaben
mir gegeben wurden,
muss ich echt dankbar sein.

Bedenke ich,
was mir das Leben geschenkt hat,
gebe ich voller Dankbarkeit
anderen etwas zurück.

Ich stelle fest:
Ich habe insgesamt
viel mehr zurückbekommen
als gegeben.

Und was hast du,
das du nicht empfangen hättest?

1 Korinther 4,7

Warum?

Wer den Freitod wählt,
will meistens nicht sterben,
kann aber so nicht mehr leben.

Wer sich selbst umbringt,
ist am Ende seiner Kraft,
sehnt die Erlösung herbei.

Wer vollends verzweifelt ist,
sieht keinen anderen Ausweg,
als den letzten Schritt zu tun.

Wer Hand an sich legt,
kann auch nicht tiefer fallen
als in die Hände Gottes.

Der Herr hält alle, die da fallen,
und richtet alle auf, die niedergeschlagen sind.

Psalm 145,14

Passt schon

Iss freudig dein Brot,
und trink vergnügt deinen Wein.
So steht's geschrieben.

Die Bibel als Ratgeber.
Allzu gern befolgen wir
manch göttlichen Rat.

Die Bibel als Rezeptbuch.
Wir suchen uns das heraus,
was uns am besten schmeckt.

Die Bibel als Fundgrube.
Wir finden das passende Wort
für alles, was uns passt.

Und was uns nicht passt,
wird angepasst.
Passt schon.

Lasst uns essen und trinken,
denn morgen sind wir tot.

Jesaja 22,13

Sorgen los

Krebsvorsorge. Nachsorge.
Nach wie vor sich sorgen,
sich gegen alles absichern,
Sterbeversicherung.

Schwarzsehen schadet,
schwächt deine Abwehrkräfte,
Grübeln führt in die Grube.
Grab nicht dein eigenes Grab.

Sing lieber morgens ein Lied,
schau fröhlich in den Tag hinein
und vergiss nicht zu lachen,
dann lebst du leichter.

Überlass dich nicht der Sorge,
schade dir nicht selbst durch dein Grübeln!
Herzensfreude ist Leben für den Menschen,
Frohsinn verlängert ihm die Tage.

Jesus Sirach 30,21-22

So wie ich bin

Ich liebe Menschen,
die meine Schwächen mögen
und auch meine Macken
noch lieb gewinnen.

Ich mag Menschen,
die mich mögen.
Und wer mich nicht mag,
kann mich gern haben.

Ich liebe alle,
die mich lieben.

Sprüche 8,17

Verwandelt

Eine Krankheit ist
manchmal heilsam.

Ein Verlust
führt zum Gewinn.

Das Pluszeichen
im Kreuz erkennen.

Aus unseren Tränen
kommt Trost.

Aus Zitronen
wird Limonade.

Ein Unglück kann
sich zum Glück wenden.

Da hast du mein Klagen in Tanzen verwandelt,
hast mir das Trauergewand ausgezogen
und mich mit Freude umgürtet.

Psalm 30,12

95

Schön blöd

Angsthase, dumme Kuh,
blöder Hund, doofe Gans,
Dreckschwein, Hornochse,
du Affe, du hast eine Meise.

Menschen
beschimpfen sich,
machen Tiere schlecht.
Unverschämt.

Die können nun doch
wirklich nichts dafür,
dass wir so dumm sind,
sie doof zu finden.

Bescheuert ist auch,
wie bei uns Menschen
aus der süßen Maus
eine blöde Kuh wird.

Gott, der Herr, formte aus dem Ackerboden alle Tiere des Feldes
und alle Vögel des Himmels und führte sie dem Menschen zu, um
zu sehen, wie er sie benennen würde.

1 Mose/Genesis 2,19

Hab selig

Du brauchst nur
das Produkt zu kaufen
und schon ist das Problem gelöst.

Du brauchst nur
die Pille zu schlucken
und schon verschwindet der Schmerz.

Du brauchst nur
das noch zu haben
und schon bist du glücklich.

Hab-seligkeiten.
Haben macht selig.
Wer´s glaubt, wird selig.

Selig, die nicht sehen
und doch glauben.

Johannes 20,29

97

Süßsauer

Es ist gut,
dass manches misslingt,
was ich in die Hand nehme,
sonst könnte ich meinen,
ich hätte alles im Griff.

Es ist gut,
dass Gott meine Wünsche
nicht einfach erfüllt,
sonst könnte ich meinen,
ich sei der Herr.

Und er mein Diener.

Mein Freund hatte einen Weinberg auf einer fruchtbaren Höhe.
Er grub ihn um und entfernte die Steine und bepflanzte ihn mit
den edelsten Reben. Er baute mitten darin einen Turm und hob
eine Kelter darin aus. Dann hoffte er, dass der Weinberg süße
Trauben brächte, doch er brachte nur saure Beeren.

Jesaja 5,1-2

Umgekehrt

Umkehren, umdenken.
Umgekehrt denken.
Die Kehrseite bedenken.

Wozu ist das Schlechte gut?
Wozu das Gute schlecht?
Minus mal Minus macht Plus.

Umgekehrt denken.
Warum nicht ich?
Warum nicht gerade ich?

Umdenken, umkehren.
Ich schlucke täglich eine Tablette,
die 205,04 Euro kostet.

Immer noch besser,
als das Geld zu schlucken.
Umgekehrt denken.

Über den Tod hinaus.
Wie auf Erden so im Himmel?
Dann doch lieber umgekehrt.

Worin soll denn unsere Umkehr bestehen?

Maleachi 3,7

Er-fahren

Auf der Reise durchs Leben
geht einiges daneben.

Viele möchten noch einmal
von vorne anfangen.

Möchtest du
noch einmal zwanzig sein?

Ja,
aber mit der Erfahrung von heute.

Der Kluge weiß:
Erfahrung kommt von Fahren.

Erfahren werden wir erst durch das,
was uns unterwegs widerfährt.

Wer viel gereist ist, hat reiches Wissen,
und der Erfahrene redet verständig.
Wer nichts erfahren hat, weiß wenig,
der Vielgereiste nimmt zu an Klugheit.

Jesus Sirach 34,9-11

Was ich so sage

Ich sage *man*
und meine mich.

Mein *Wir*
ist nur ein weiteres Ich.

Sage ich *du*,
denke ich an mich.

Rede ich über *andere*,
spreche ich von mir.

Wie oft sage ich
nicht ich!?

Denn wovon das Herz voll ist,
davon redet der Mund.

Lukas 6,45

Dichtung

Erst ging ich am Stock,
dann schob ich den Rollator,
danach saß ich im Rollstuhl,
thronte auf dem Nachtstuhl
auf Rollen.

Meine Rolle ausgespielt,
einst stand ich im Rampenlicht,
nun liege ich im Pflegebett,
über mir der Galgen,
unter mir die Pfanne.

Nichts für Feiglinge,
schon gar nicht für Feinschmecker.
Die gute alte Windel ist
dem weichen Höschen gewichen.
Seni-Slip Super Plus.

Früher holte ich
die Dichtungen bei Hornbach.
Heute bin ich nicht mehr dicht,
fange an zu dichten:
Ehret die Alten, eh' sie erkalten.

Den Alten sage, dass sie nüchtern seien.

Titus 2,2

Gutes tun

Wenn du Böses tust
und andere erfahren davon,
dann schämst du dich.

Wenn du Gutes tust
und andere erfahren davon,
dann freust du dich.

Wenn du Gutes tust,
damit andere davon erfahren,
dann schäme dich
in Grund und Boden.

Wenn du Almosen gibst,
soll deine linke Hand nicht wissen,
was deine rechte tut.

Matthäus 6,3

Angeben

Mit 17 gab ich an:
Ich bin fast zwanzig.

Mit 37 gab ich an:
Ich bin Mitte dreißig.

Mit 57 gab ich an:
Ich bin gut fünfzig.

Mit 77 gab ich an:
Ich bin fast zwanzig
mal vier.

Angabe
ist auch eine Gabe,
mir nicht umsonst gegeben.

Lass nicht außer acht die Gabe in dir ...

1 Timotheus 4,14

Wir brauchen

Wir brauchen Menschen,
über die wir reden können,
um von uns selbst abzulenken.

Wir brauchen Menschen,
die einen schlechten Ruf haben,
um uns selbst gut zu fühlen.

Wir brauchen Menschen,
die wir herabsetzen,
um uns selbst aufzuwerten.

Wir brauchen Sündenböcke,
auf die wir abladen können,
was wir selbst verbockt haben.

Aaron legt seine beiden Hände auf den Kopf des Bockes und
spricht über ihm alle Verfehlungen, durch die die Israeliten sich
schuldig gemacht haben. So legt er alle Sünden des Volkes dem
Bock auf den Kopf und lässt das Tier durch einen bereitstehenden
Mann in die Wüste jagen. Der Bock trägt alle diese Sünden mit sich
in die Einöde.

3 Mose/Levitikus 16,21-22

Von Kopf bis Fuß

Zwei Menschen können sich gut riechen.
Liebe geht durch die Nase.

Küssen ist wie Suppe essen mit der Gabel.
Liebe geht durch den Mund.

Die zwei können sich gut leiden.
Liebe geht durch das Herz.

Sie haben Schmetterlinge im Bauch.
Liebe geht durch den Magen.

Verliebte vernaschen sich mit Haut und Haar.
Liebe geht durch und durch.

Durchgehend von Kopf bis Fuß
lieben sich Menschen mit Leib und Seele.

Wie eine Palme ist dein Wuchs, deine Brüste sind wie Trauben.
Ich sage: Ersteigen will ich die Palme,
ich greife nach den Zweigen.
Trauben am Weinstock seien mir deine Brüste.
Apfelduft sei der Duft deines Atems,
dein Mund köstlicher Wein, der glatt in mich eingeht,
der Lippen und Zähne mir netzt.

Das Hohelied der Liebe 7,8-10

Windige Worte

Ich bin doch nicht blöd.
Grüner wird´s nicht.
Furchtbar nett.
Ich würde sagen.
Aus die Maus.
Der Mensch ist, was er isst.

Wir ernähren uns
von Fast-Food Sprüchen.
Wir stopfen uns voll
mit leeren Floskeln.
Worthülsen, Wortblasen
blähen uns mächtig auf.

Wir machen viel Wind,
lassen einen fliegen,
flatulieren, pupsen, furzen
frei nach Martin Luther:
Aus einem traurigen Arsch
fährt nie ein fröhlicher Furz.

Der Wind bläst,
wo er will.

Johannes 3,8

Ein Geschenk des Himmels

Manche Menschen wissen nicht,
wie wichtig es ist, dass sie einfach da sind.

Manche Menschen wissen nicht,
wie gut es tut, sie nur zu sehen.

Manche Menschen wissen nicht,
wie tröstlich ihr gütiges Lächeln wirkt.

Manche Menschen wissen nicht,
wie wohltuend ihre Nähe ist.

Manche Menschen wissen nicht,
wie viel ärmer wir ohne sie wären.

Manche Menschen wissen nicht,
dass sie ein Geschenk des Himmels sind.

Sie wüssten es,
würden wir es ihnen sagen.

Über eure Lippen komme kein böses Wort,
sondern nur ein gutes, das den, der es braucht, stärkt
und dem, der es hört, Nutzen bringt.

Epheser 4,29

Die Antwort

Der fragende Mensch
braucht eine Antwort,
keine Worte.

Der zweifelnde Mensch
braucht Zuspruch,
keine Sprüche.

Der verzweifelte Mensch
braucht Trost,
keine Vertröstung.

Der leidende Mensch
braucht Mitgefühl,
kein Mitleid.

Ist der mitleidende Gott
die Antwort
auf all unsere Fragen?

Wie wollt ihr mich mit Nichtigem trösten?
Eure Antworten bleiben Betrug.

Hiob 21,34

Trost spenden

Die Bibel ist kein Seifenspender,
aus dem man für jeden Anlass
das Richtige herausquetschen kann.
Manche Bibelworte sind
in bestimmten Situationen
völlig unangebracht
und können das Leiden verstärken,
anstatt zu trösten.

Viele Trauernde können
nicht mal mehr das Wort Gott hören.
Ist er doch der Allmächtige,
der es hätte verhindern können.
Was ist das für ein lieber Gott,
der mir das Liebste nimmt?
Und was ist denn das für ein Trost,
dass mein Kind jetzt bei Gott ist?

Trauer und Leid lassen sich nicht
wegtrösten.

Der Herr hat´s gegeben, der Herr hat´s genommen,
gepriesen sei der Name des Herrn

Hiob 1,21

Die Kunst des Schweigens

Nicht selten reden wir,
wo wir hätten schweigen sollen.
In so mancher Situation
sind Worte fehl am Platz.

Schweigen ist oft viel besser
als etwas zu sagen.
Durch das Schweigen erweisen wir
Respekt vor dem Schmerz des anderen.

Manches Leid ist so groß,
dass es sich geradezu verbietet,
etwas Tröstliches sagen zu wollen.
Da gibt es nicht die richtigen Worte.

Jedes Wort ist eines zu viel.

Die drei Freunde Hiobs saßen bei ihm auf der Erde sieben Tage
und sieben Nächte: keiner sprach ein Wort zu ihm. Denn sie sahen,
dass sein Schmerz sehr groß war.

Hiob 2,13

Ein weises Wort

Der Weise weiß,
was er verschweigt.

Der Weise weiß,
wann er was sagt.

Zur rechten Zeit
das richtige Wort.

Ein
weises Wort.

Der Weise schweigt bis zur rechten Zeit,
der Tor aber achtet nicht auf die rechte Zeit.

Jesus Sirach 20,7

Der wunde Punkt

Warum musste meine Frau
einen so qualvollen Tod sterben?
Sie hat anderen nur geholfen.

Warum widerfährt gerade
guten Menschen so viel Leid?
Das ist doch ungerecht.

Das Leben ist nicht fair.
Es trifft oft die Falschen,
die Unschuldigen.

Wie sollen wir da noch glauben,
dass Gott die Guten belohnt
und die Bösen bestraft?!

Dies alles hab ich gesehen in den Tagen meines Lebens:
Da ist ein Gerechter, der geht zugrunde in seiner Gerechtigkeit,
und da ist ein Gottloser, der lebt lange in seiner Bosheit.

Prediger/Kohelet 7,15

Zeige deine Wunde

Zeige deine Wunde
und tu nicht länger so,
als wärst du unverwundbar.

Zeige deine Wunde
und sprich offen aus,
was dir weh tut.

Zeige deine Wunde
und lege endlich frei,
was deine Seele belastet.

Zeige deine Wunde
und überwinde deine Angst.
Das ist der Weg zur Heilung.

Warum dauert mein Schmerz ewig
und ist meine Wunde so bösartig,
dass sie nicht heilen will?

Jeremia 15,18

Liebe Lacherin und Lacher

Lachst du in dich hinein,
freut sich dein Innerstes.
Lachst du von Herzen,
lockerst du hundert Muskeln.

Schüttelst du dich vor Lachen,
schüttest du Glückshormone aus.
Lachst du Tränen,
badest du deine Seele.

Lachst du über dich,
hast du immer etwas zu lachen.
Lachen ist gesund,
bis du dich tot lachst.

Dann wird unser Mund voll Lachens sein.

Psalm 126,2

Weinen können

Früher baten die Menschen Gott um die Gabe der Tränen.
Viele wünschen sich ihre Tränen zurück.
Sie möchten weinen, aber ihre Tränen sind versiegt.
Oder es gelingt ihnen nicht, die innere Blockade zu lösen.
Andere sind leer geweint.

In den Tränen ist das gleiche Salz wie im Meereswasser.
Tränen schmecken bitter, aber es tut gut,
das Bittere herauszuweinen.
Weinend kommen wir mit unserer Quelle in Berührung.
Tränen sind das Grundwasser unserer Seele.

Weinend waschen wir unsere inneren Wunden aus.
Tränen bringen Licht ins Dunkel, klären den getrübten Blick.
Augen, die geweint haben, sehen klarer.
„Tumore sind die nicht geweinten, die verschluckten Tränen",
sagen uns Heilpraktiker.

Wenn keine Tränen fließen, setzt der Schmerz sich in uns fest.
Die nicht geweinten Tränen vergiften unseren Körper,
versteinern unsere Seele.
Durch das Weinen kommt Trost in unser Innerstes.
Der Trost der Tränen.

Schnell sollen die Klagefrauen kommen und Klage über uns
anstimmen, so dass unsere Augen von Tränen fließen und unsere
Wimpern von Wasser triefen.

Jeremia 9,17

Endlich leben

Manchmal denke ich:
Jeder Mensch hat bei seiner Geburt
vom Herrgott einen Wecker mitbekommen.
Und wenn der bimmelt, ist seine Zeit abgelaufen.

Gut, dass wir unsere Todesstunde nicht kennen,
sonst würden wir noch schlechter schlafen,
noch öfter auf die Uhr schauen
und sicher auch noch seltener lachen.

Das Wissen um unsere Endlichkeit
weckt uns auf,
jeden Tag endlich zu leben,
jeden Augenblick bewusst zu erleben.

Wir wissen nicht,
was uns morgen erwartet.
Heute ist der Tag, jetzt die Zeit,
um in aller Stille Danke zu sagen.

Alles hat seine Stunde. Für jedes Geschehen unter dem Himmel
gibt es eine bestimmte Zeit.

Prediger/Kohelet 3,1

Anne und Katrin

Denke ich an euch,
danke ich meinem Gott,
dass er euch so viel Güte
ins Herz gelegt hat.

Denke ich an euch,
kann ich nur dankbar sein,
dass der Himmel euch
uns geschenkt hat.

Dank euch
können wir unseren Weg
miteinander weiter gehen,
aufrecht zu Ende gehen.

Ich danke meinem Gott,
jedes Mal, wenn ich an euch denke.

Philemon 1,4

Leid frei

Es ist schon merkwürdig.
Ich tue alles, um das Leid zu vermeiden.
Und dennoch möchte ich die schweren Zeiten
in meinem Leben nicht vermissen.

Ich spüre,
dass ich durch die leidvollen Erfahrungen
weiter gekommen bin auf meinem Weg.
Durch das Erlittene bin ich menschlicher geworden.

Und auch weiser.
Der Weg zur Menschwerdung
führt nicht am Kreuz vorbei.
Was weiß ein Mensch, der nicht gelitten hat?

Durch den Schmerz
komme ich mir selbst näher,
lerne das wahre Leben besser kennen
als in einer leidfreien Wohlfühlwelt.

Wer mir nachfolgen will,
nehme täglich sein Kreuz auf sich und folge mir nach.

Lukas 9,23

Schritt-weise

Wir sind schon lange unterwegs.
Unsere Füße sind weise,
Schritt für Schritt bringen sie uns bei,
dass unser Leben ein langer Weg ist,
keine Laufbahn.

Geradeaus geht es gerade schief.
Wir brauchen Umwege,
um zu uns selbst zu kommen.
Über Stock und Stein führt die Straße
mit vielen Kehren und Kurven.

Unsere Schritte werden kleiner,
bis wir den letzten großen Schritt tun.
Dann geht nichts mehr.
Mit den Füßen nach vorne werden wir
aus dem Sterbezimmer getragen.

Bei der Abschiedsfeier
wird unser Weg durchs Leben
noch einmal nachgegangen,
unsere Weggefährten verneigen sich
am Sarg vor unseren Füßen.

Da ist ein Weg, der einem Menschen gerade erscheint,
aber sein Ende sind Wege des Todes.

Sprüche 14,12

Unerbittlich

Mensch und Tier
haben ein und dasselbe Los.
Beide leben nur eine Zeit lang.

Aber es gibt einen großen Unterschied.
Herrchen und Frauchen wissen,
dass sie sterblich sind.

Ein fragwürdiger Vorteil.
Und je näher der Tod kommt,
desto größer wird die Angst.

Auch wenn Frauchen und Herrchen
leiden wie ein Hund,
wird ihnen der Gnadentod verwehrt.

Gnadenlos.

Denn jeder Mensch unterliegt dem Geschick und auch die
Tiere unterliegen dem Geschick. Sie haben ein und dasselbe
Geschick. Wie diese sterben, so sterben jene. Beide haben ein und
denselben Atem. Einen Vorteil des Menschen gegenüber dem Tier
gibt es da nicht. Beide sind Windhauch. Beide gehen an ein und
denselben Ort. Beide sind aus Staub entstanden, beide kehren
zum Staub zurück.

Prediger/Kohelet 3,19-20

Mächtig schwach

Die Schwachen
sind vielfach stärker
als die Starken.

Die Kranken
haben häufig mehr Kraft
als die Gesunden.

Die Gewaltlosen
haben oft mehr Macht
als die Machthaber.

Und die mächtigste Macht
ist die bedingungslose Liebe,
die uns trägt.

Meine Kraft ist in den Schwachen mächtig.

2 Korinther 12,9

Engel

Eine junge Frau ist völlig verzweifelt.
Sie kann nicht mehr und will sich vor die S-Bahn werfen.
Unruhig geht sie auf dem Bahnsteig auf und ab,
sucht die „richtige" Stelle.
Immer wieder schaut sie auf die Gleise.
Auf einmal steht ein Punker neben ihr,
mit grünen Haaren und einer Bierflasche in der Hand.
Er hat gemerkt, dass mit der Frau etwas nicht stimmt.
Er legt ihr seinen Arm um die Schulter.
Sie bricht in Tränen aus und sagt: „Danke!"

Engel kommen oft unverhofft.
Sie kommen nicht selten von einer Seite,
von der man es nicht erwartet.
Gerade im richtigen Moment kommt Hilfe „von oben".
Als ob der Himmel registriert hätte,
dass da unten jemand in größter Not ist
und dringend Beistand braucht.
Dich schickt der Himmel,
Du bist meine Rettung,
mein Engel.

Der Bote, den ihr herbei wünscht, seht, er kommt.

Maleachi 3,1

Er löst

Der Tod, er löst,
löst das Unlösbare,
ist die letzte Lösung.

Der Tod, er löst
die Kranken
von ihrem Leiden.

Der Tod, er löst
die Angehörigen
von ihrer Hilflosigkeit.

Der Tod, er löst
die Halbgötter in Weiß
von ihrem Unvermögen.

Und der Tod, er löst
den Allmächtigen
von seiner Ohnmacht.

Ich rufe zu Gott, ich schreie,
ich rufe zu Gott, bis er mich hört.
Am Tag meiner Not suche ich den Herrn,
unablässig erheb ich nachts meine Hände,
meine Seele lässt sich nicht trösten.

Psalm 77,2-3

Der letzte Schrei

Wäre Jesus im Lehnstuhl
friedlich eingenickt,
wäre er längst gestorben.

Kein Lächeln wie Buddha,
nein, mit dem letzten Schrei
ist er am Kreuz krepiert.

In tiefster Todesnot
hat er die Gottverlassenheit
mit allen Verzweifelten geteilt.

Das macht ihn so menschlich.
Wahrlich, er war einer von uns,
der göttliche Menschensohn.

Eloï, Eloï, lema sabachtani?
Mein Gott, mein Gott,
warum hast du mich
im Stich gelassen?!

Markus 15,34

Kreuz Haken

Der Glaube hat einen Haken.
Wir können das Kreuz nicht abhaken.

Wie kann Gott all das Elend zulassen?
Warum greift er nicht ein? Warum?

Statt uns vom Kreuz zu holen,
lässt er sich aufs Kreuz legen.

Der Glaube hat einen Haken.
Er hängt am Kreuz.

Und ich
bleibe an ihm hängen.

Denn die Juden fordern Zeichen und die Griechen fragen nach
Weisheit, wir aber predigen den gekreuzigten Christus, den
Juden ein Ärgernis und den Griechen eine Torheit; denen aber,
die berufen sind, Juden und Griechen, predigen wir Christus als
Gottes Kraft und Gottes Weisheit.

1 Korinther 1,22-25

Nackt

Nackt kamen wir zu Welt,
nackt stecken wir in unseren Kleidern,
nackt liegen wir uns in den Armen.

Nackt gehen wir von dieser Welt.
Das letzte Hemd hat keine Taschen.
Nichts können wir mitnehmen.

Schön gekleidet liegen wir im Sarg,
notfalls im Flügelhemd,
nur nicht nackt.

Die Grasmatte im Grab,
die Urnenmatte für das letzte Loch,
um die nackte Erde nicht zu sehen.

Verbergen, vertuschen, verdrängen.
Der Tod stellt uns bloß,
nackter als nackt.

Wie einer aus dem Leib seiner Mutter herausgekommen ist –
nackt wie er kam, muss er wieder gehen.
Von seinem Besitz darf er überhaupt nichts mitnehmen,
nichts von dem, wofür er sich abmühte.

Prediger/Kohelet 5,14

Madensack

Nein, ich möchte nicht
in den Ofen geschoben werden
und nach einer Stunde
schön kremiert herauskommen.
Ganz ohne Creme.

Statt in Flammen aufzugehen,
kehre ich lieber in den Schoß
der Mutter Erde zurück,
um langsam zu verwesen
und entlarvt zu werden.

Wenn ich als Leiche schon
zu nichts mehr nutze bin,
sollen wenigstens noch
die Unterirdischen sich
an mir satt essen können.

So tue ich
noch nach meinem Tod
ein gutes Werk
und wünsche den Würmern
guten Appetit.

Und Gott schuf alles Getier, das da lebt und webt,
ein jedes nach seiner Art.
Und Gott sah, dass es gut war.

1 Mose/Genesis 1,21

Auf dem Friedhof

Liebevoll pflegen ein Mann und eine Frau
die Gräber ihrer verstorbenen Partner.
Sie kommen miteinander ins Gespräch,
klagen sich gegenseitig ihr Leid.
Beide kennen den Schmerz des anderen
und wissen, wie weh es tut.

Witwe und Witwer kommen sich näher,
da beginnt es zu kribbeln,
eine neue Liebe erblüht über den Gräbern.
Gemeinsam gießen nun beide
das Grab der früheren Partner
und sind in Liebe miteinander verbunden.

Die Liebe hört niemals auf.

1 Korinther 13,8

Hahaha-lleluja

Als Jesus in Jerusalem auferstand,
erschien er zuerst mehreren Frauen,
damit die Sache schneller bekannt wurde.

Hahaha.
Am Fest der Auferstehung hat
die liebe Gemeinde gut lachen.

Der Tod hat sich lächerlich gemacht
und sich an Christus „verschluckt"!
Hahaha. Hahaha.

Den Tod totlachen.
Ostergelächter.
Hahaha-lleluja!

Tod, wo ist dein Sieg?
Tod, wo ist dein Stachel?

1 Korinther 15,55

Cool

Erderwärmung.
Die Temperatur steigt.
Die soziale Kälte nimmt zu.

Immer mehr Leuten
ist das Leid der anderen egal.
Sie kennen kein Mitleid.

Cool bleiben.
Nichts an sich heranlassen.
Die kalte Schulter zeigen.

mitgefühl
wird klein geschrieben,
GLEICHGÜLTIG ganz groß.

Nach mir die Sintflut,
sagt sich
der Ohne-Mich-Mensch.

Mensch, wo bist du?

1 Mose/Genesis 3,9

Sternen Staub

Woher der Staub wohl kommt?

Staub wischen,
Staub fegen, Staub saugen.
Wir bieten dem Staub die Stirn
und stauben nebenbei noch ab.

Wir stöbern, wirbeln Staub auf.
Feinstaub ist in aller Munde.
Wir machen eine Menge Dreck,
bis wir uns aus dem Staub machen.

Aus Sternenstaub entstanden
werden wir wieder zu Staub,
nach einer Stunde im Ofen,
nach Jahren in der Erde.

Wohin der Staub wohl geht?

Er weiß, was wir für Gebilde sind.
Er denkt daran, wir sind nur Staub.

Psalm 103,14

Dann aber

Leben rückwärts gelesen Nebel.
Wir können jetzt noch nicht
durch den Nebel sehen. Mist.

Blicken wir auf unser Leben zurück,
bleibt so manches im Verborgenen.
Wir erkennen nicht den Sinn.

Doch wir erahnen,
dass nichts umsonst geschieht
und wir nicht vergeblich leben.

Zu guter Letzt wird uns
Kurzsichtigen klar werden,
wozu wir unterwegs waren:
um zu uns zu kommen.

Jetzt schauen wir in einen Spiegel.
Und sehen nur rätselhafte Umrisse,
dann aber schauen wir
von Angesicht zu Angesicht.

1 Korinther 13,12

Auf krummen Zeilen

Du, wenn ich zu dir heimkehre,
hältst du mein Buch in deinen Händen.
Dann wirst du mir den Titel eröffnen,
den du meiner Geschichte gegeben hast.

Dann werde ich so manches Kapitel
sehr viel besser verstehen
und auch die dunklen Seiten
endlich begreifen.

Zu guter Letzt werde ich mein Leben
mit deinen Augen lesen und erkennen,
wie du auf krummen Zeilen
gerade geschrieben hast.

Du, wenn ich zu dir heimkehre,
hältst du mein Buch in deinen Händen
und dann werde ich weinen
vor Freude.

Fürchte dich nicht, denn ich habe dich erlöst.
Ich habe dich bei deinem Namen gerufen; du bist mein.

Jesaja 43,1

Inhalt

Weitere Bücher von
Petrus Ceelen
bei Dignity Press

Petrus Ceelen

HALT DIE OHREN STEIF

99 Friedhofsgeschichten

mit Zeichnungen von
Karl Bechloch

Dignity Press
World Dignity University Press

Petrus Ceelen

MEHR ALS DU DENKST

77 Namensgeschichten

mit Zeichnungen von
Karl Bechloch

Dignity Press
World Dignity University Press

Petrus Ceelen

JA, ABER NEIN DOCH

Das Leben in Kurzfassung

mit Zeichnungen
von Karl Bechloch

Dignity Press
World Dignity University Press

Erhältlich im Buchhandel

oder über

www.dignitypress.org